BLAUDUNKEL

JULIANE BLECH

BLAUDUNKEL

gedichte

mitteldeutscher verlag

DAS UMWUNDENE ERGRÜNDEN

bonjour
mein herz lautstark
in einem verwilderten garten
in der provinz zwischen
flieder denken frauen
besonders schön auch
an den ufern der liebe wo
das leben tanzt und lacht
und die rätsel zwischen händen
voller sommer

frau-ich

bin
eine frau
bin stark
bin schlau
bin schwach
bin müde
bin wach
bin zart
bin rau
bin mutter
bin frau
bin hin
und her
bin leicht
und schwer
bin voll
bin leer
bin frech
bin frau
bin mehr
bin frau

bin leise
bin laut
liebende
fliegende
lesende
denkende
kränkende
schenkende
lenkende
schreibende
schweigende
schwenkende
träumende
säumende
kämpfende
bin langsam
bin schnell
bin dunkel
bin hell
bin unsicher
bin frau eine

bin ich
bin kind
bin schwester
bin freundin
bin dichterin
bin mensch
bin verletzbar
wunderbar
machende
lachende
fragende
suchende
zweifelnde
sagende
tragende
wagende
frau ich
bin da
bin
bin
frau

kurz lust

ich mag nur kurz
dir auf die lippe beißen
nicht zu stark nicht
um sie aufzureißen
nur zu streifen flüchtig
tief dann lass uns drehen
wie von kreiselschlägen
nur kurz durcheinander
legen dicht und schief

versprechen

sieh mich lachen
wenn wir vergessen
wenn wir verlassen
was wir versprechen
nach diesem begegnen
fehlen zu viele worte
buchstabiere mir deinen namen
nimm meinen mund
worauf zuerst wie wenig
wir uns wundern
dass es möglich ist
zurückzukehren wo wir eben
zitterten zerzausten
weiß der mond wohin
wir trieben bleib
bleib liegen küss meinen bauch
bis ich dich atmen höre tief
in mir noch wochen später
wenn wir verlassen
trommeln dich meine finger
zusammen

bald bald
wie sehr sich
das sehnen an dieses wort krallt

der wind fegt
kalt erinnert
an die stirn am strand

der steilen küste
entgegen
dem himmel der wand

die sich schob
blaudunkel
verwob mit dem meer

knopfgespür

knöpfe das kleid auf
dass ich nicht trage
sage mir was
ich nicht zu sagen wage
frage mich
ob ich dich aufspüre
wenn ich worte jage
habe ich das gefühl
dass ich ein kleid trage
das du aufknöpfen sollst

in gängen maulwürfig
vergraben

haben wir uns
die hände die körper

der atem
jemand bohrt im haus

schleift die böden
beläge

bewege dich ruhig voran
man kann alles hören

niemals zu sagen zu
schreiben vom glück

ist ein fehler plötzlich
nur vögel brunst und

balz in der luft hier
in uns die unzahl an tönen

leise gesänge die enge
der leiber lockend

flüstern wir
unsere namen

frühling

klopf
wie
ein specht mir
in die haut
den frühling
krächze ich
laut vorwärts
rückwärts
fallen rollen
krallen wir
uns aneinander
alles drin
und dran
die knospen
treiben aus
wir mit

es nistet

eine sehnsucht
in mir ich
weiß nicht
ob im nest
ein kuckucksei
dabei eines
wofür ein anderes
über den rand
gedrängt wurde
damit es
schlüpfen kann
das fremde
alte kind

passt

nah heran heraus
genommen aus
diktierter zeit
in summende schwärme
sprotten schwalben
sprachlose winzige irre
durcheinander pulsierende
leichte minuten falter fische
vögel finger verflochten
zart die kantige hüfte
an hüfte

wenn ich ein oktopus wär'

wäre ich ein oktopus
so hätte ich drei herzen
eines wäre ganz dem lieben
das andere nur dir verschrieben
das dritte frei zum scherzen
ich hätte acht arme die würden sich
natürlich um dich winden
und könnten unabhängig
ein jeder arm für sich
das umwundene ergründen
sie könnten allesamt dich lieben
bis in die dunkelsten ecken
und schrieben gedichte ganz nebenbei
während sie dich noch schmecken
farben wechseln könnte ich
mich meisterhaft verstecken
und ich würde wenn ich
ein oktopus wär'
aus allen verstecken necken

schach

auf dem feld von der größe
eines tisches darunter betteln
die beine darüber redet man nicht
die königin schickt läufer
und pferd voraus
die bauern betrinken sich reißen
witze keine regeln gelten mehr
nur sein zug von der anderen seite
setzt lächelnd er jede figur
an den rand
seine hand zögert nicht sie
wählte schon vor dem spiel

was ich nicht wissen wollte

dass die liebe so schlingt
so zerfetzend tief dringt
verletzbar ist wie ein kind
war etwas was ich wusste
aber nicht wirklich wusste
nicht wissen wollte
als ich zum ersten mal
tagelang auf die rückkehr
eines versprechens wartete

holunder

eine handvoll holunder
weiße sterne süß
die lippen schmecken
limonaden klebrig koste
küsse es ist mai komm
mache und lass uns
an dem bache und
um alle ecken

jetzt ist es sehr schön ist es
wenn es so schön ist wie
es jetzt schön ist wenn du jetzt
so wie ich jetzt im jetzt und
sich die liebe zu uns setzt
mit ihrem dicken hintern
rein ins jetzt sie uns die sachen
von den leibern fetzt und du
und ich jetzt ganz mit ihr verwirren
frech wie fliegen flirren uns
jetzt so schön so sehr verfallen
bis das jetzt ganz leicht und
doch so schwer nach mehr
jetzt kreischt

archiv

sich klammern an einen geruch
hingeben für ein wort
einen hauch
lippe und duft
festhalten fest
für sekunden
wabe
in dunkler luft
das rinnende verweben
hüten
den rest

schichten

hauchdünn
überzieht eine eisschicht
die straßen

früh
stolpern wir aus der tür
nacheinander

hinein in den tag
das ist nichts besonderes
und doch eine möglichkeit

nach der anderen
wir wissen nie genug
wie viele schichten

hauchdünn oder dick
wir es hinter den ohren haben
das leben

diese irre freude

leicht an deiner hand
zu hängen
und dabei beide
hände zu kennen diese
wandernden windigen
weichen packenden
zwackenden suchenden
streifenden greifenden
mich immer berührenden
verführenden haltenden
fassenden und lassenden
vagabunden

erzähl nacht fische

verborgenes
gestern heute
angle ich zeit
bin wald bin
garten die luft
ist kalt
ich lerne warten

liebesschwulst

wir sind
zwei tiefe seufzer
im wind

zwei schmetternde
linge im bett
auch beet

zwei dinge
ein bums
ein knall

zwei
zucker
ein stück

zwei glück
in einem
schwall

wegen dir

ich bin dein strandtier
land dir eine welle
helle möwe seelöwin
bin flügel flosse träne
fernweh in der mähne
sehnsucht ohne ort nur
ferner als fort bin tand
im sand hier samttier
hand dir voll herz
bis zum rand stand
steh hier wegen dir

FILETSTÜCKE ZWISCHEN DEN FELDERN

visier öffnen
imagination hilft
im chaos der welt
ihr schwanken
realität ist
voller gedanken
nie nur eine linie

aus dem schweigen

dringen die worte

eine stimme suchend
die sie spricht

die vögel lärmen
sie bauten nester

im dickicht
eines noch nicht

geträumten traumes
schläft ein gedicht

nachts

nachts bellt der fuchs
nachts fällt der mond
in alle augen
die ihn suchen
nachts wittere ich
wie ein tier ob etwas
in der luft liegt ob
die unruhe ein boden
der dunkelheit
eine krähe die am morgen
zum feld fliegt

wiesen liegen wie filetstücke
zwischen den feldern
auf denen katzen streunen
die milane unablässig kreisen
manchmal so flach wie gerede
auf einer party tanzen wir lieber
hinein in die wiesen wilde blumen
in den rotgeplusterterten klee längst
fiel vom obstgehölz aller schnee
es fliedert nur noch blass in den büschen
verschlagen wir uns verschlingen
zwischen all diesen dingen lauern geschichten
oder wir auf sie

aus dem zug gefaselt

bei schkopau da
blüht der raps
raucht ein schornstein
hinter den siedlungshäusern weiß
wie die blüten der apfelbäume
butterblumiger boden
darüber der zug sehr regional
knapp neben der zeit
über den trüben fluss vorbei
an gelbgepuderten wiesen
fast ammendorf da
modert es neben den gleisen
sieben kräne krähen zukunft
straßen- brückenbau da
muss viel in die erde
ich reise mit einer sonnenblume
sie sagt wenig zittert
unter dem geöffneten fenster
gelbblütig wie der raps
bei schkopau da der puder
auf den weiden der wind

hungrig

wie immer hungrig
die jungen falken
ständig in der luft
mit spitzen schreien
vor lust sich jagende töne
höher und höher
noch fliegen weiter hinein
in den himmel aalgrau und glatt
es wird regnen
wie immer wäre gelegenheit
davonzulaufen
vor dem schweifen des sommers
diesem vom wind gepeitschten rapsfeld
es stinkt
alles wegwollen führt im bogen zurück
dort wartet geduldig
das was man kennt
dass man das kennt – eine gewissheit
fast etwas freude beim gedanken daran
auch das gefühl sich zu täuschen

sommer

die sehnsucht
schläft auf einer holzbank ein
das herz spricht
alle finger singen dein
mein leib so warm und leicht
ich trage so viel poesie ist
licht ist puder dicht ich
möchte brombeeren pflücken
und deine hand
auf meinem rücken das
zwitschern das zwacken
der liebe

fahrt

der alte mann dicht neben mir
im vollen zug beugt sich heran
wie sehr ick diese masken hasse
wann hört det off?
ich sag ich weiß es nicht
seh seine ist schon viel getragen
sie rutscht ihm ständig auf das kinn
sein betreuer weist ihn darauf hin
er zieht sie hoch wie andere die nase
ick wünsch die dame neben mir
ein schönes wochenende
wieder wuseln seine hände
an der brusttasche die er trägt
die ferien sin doch vorbei warum
verreisen noch so viele is der zug
so voll und wo sitzt jürgen jürgen
was'n wenn der schaffner kommt
ick sehe euch doch nich
betreuer spricht –
dein b-pass steckt im brustbeutel drin
ach jut und wo is jürgen hin
ach der sitzt da na allet jut
ein fahrgast drängt sich durch
will mal aufs klo
der alte mann ruft laut hallo
deen schnürsenkel is off!
krass was ein sehen der

fahrgast bleibt nicht stehen
der schaffner kommt
der will ja jar nich die papiere
sehen wo sinn wir jetz?
bahnhof oranjenburch, ach
jürgen, da wo die bomben fallen
die kinder sehen mich fragend an
mein nebenmann spricht's aus
wann sinn wir da wann wann
und leiser im ton
ick freu mir schon

zeit mecklenburgisch

nun ist die zeit da
lindenblätter fallen
die munition an kugeln
auf das tischholz knallen

nun ist die zeit da
wilde gänse fliegen
langhalsig schnatternd
lassen sie den rest vom sommer liegen

nun ist die zeit da
pilze ihre köpfe recken
pfiffig ziegenlippig blut gereizt
in waldigen verstecken

nun ist die zeit da
junge seeadler hungrig rufen
auf hohen strommasten sitzend
wie wir noch etwas auf den treppenstufen

hüten

ich nehme dich mit
in die sinkenden täler der nacht
du wirst von meiner liebe bewacht
wie ein hirte seine herde in den augen
immer wirst du mit mir ziehen mir nach
über hügel alle himmel hänge
blütengründe sommerpfade herbstzeit
lose halte ich dich fest verführe dich
mit gesängen den gräsern im haar

september

der sommer kratzt sich seine sonnenhaut
millionen mücken summen laut
die kiefern in den wäldern recken sich
ein pinselstrich der himmel blau
und zwischen stämmen ungenau
das hasenohr den feldern zugewandt
wo heu gerollt noch keine stallung fand

witterung

blätter schlittern über straßen
äste splittern rinden knittern
füchse wittern hasen und
die blassen gräser zittern es
ist stürmisch noch ein tag
november schnee der naht
hinter kolonnen grau
die sonne steckt im stau die
letzten blüten rupft der wind
die gänse sind schon weggeflogen
nun sind krähen trumpf
zur dämmerstunde donnergrummel
luftig laut vom feld zum fluss
gibt frost des nachts den wiesen
seinen kalten zungenkuss

oktober

wie eine pflaume
hängen zwischen
den zeiten nicht
herbst nicht mehr
sommer
eine laune und
lauer der himmel
wird grauer
das haar das jahr
in die kurve gelenkt
pflück keine blumen
in fremden gärten
hol aus der erde
die worte setze
sie um

winter

die vögel des winters
fallen vor den fenstern
hinunter hinauf

die tage des winters
reihen sich vor den türen
scharrend wie pferde es tun mit den hufen

höflich die häuser
an denen der wind rüttelt
ziegel sucht die noch fliegen können

die launen des winters
fahren schlittschuh
auf blassen wiesen

zuweilen blitzen die kufen
flüchtige funken
der himmel zuckt mit den schultern

fahrt durch sachsen

landschaften zwischen bahnstationen
wandernde weiße felder kahle bäume
einsame hochsitze angenagt
von winden die kommen und gehen
raubvögel spähen nahe den gleisen
die straßen leer alte häuser verlassen
verfallen niemand schrieb ihre geschichten
erzählt wird sehr viel zu viel
auf einer koppel stehen pferde starr
nur aufgeworfenen alten mist unter ihren hufen

glandern

alle straßen sind eislaufbahnen
ich glandere auf ihnen hin ich
denke nicht an stürze
der tag hat die winterschürze um
der schwung den ich habe
ist erinnerung an wilde gleitschuhtage
aus einem anderen jahrhundert

stumpf wie ein messer der winter
wickelt geschickt in graue laken
jeden gedanken legt
den worten mäntel um
deren futter zu dünn für
frostige nächte in denen
die lust haust pirouetten zu drehen
bis funken schlagen wie
hasen haken das dumpfe
kurze knallen eines hinterlaufes
wenn der hund zu nah

blau

wirr der weiden silberne
strähnen der möwen
streifende schreie
im wind das blau
des himmels rinnt
in die adern des tages
tanzt auf dem wasser
springt mit nassen füßen
über eisige pfützenfliesen
bis die dämmerung
ansetzt zum sprung

NICHT VON DEN KINDERN SPRECHEN

dort
wo ein wort
was erzählt
ist mein
zuhause
ein ort von
tausenden
gedichten

keine zeit leider

keine zeit keine
zeit ein gedicht
zu schreiben

keine zeit leider
keine zeit keine
zeit ein gedicht
zu denken

keine zeit etwas
zeit etwas dicht
zu schreiben zu
denken etwa

ein gedicht das
zeit kostet zeit
braucht zeit
zum denken

und schreiben

lust

dichte ohne worte
etwas was
dich nicht schlafen lässt
was nicht schlafen will kill
die romantik blauer blumen
erde ist dunkel rost
unter schiffsbäuchen blut
die träume taumeln zick zack
zombies zu viele sterne im wald
versteckt die hungrigen larven
am straßenrand langweilt sich
die laterne

dicht

wie nicht dein gesicht verlieren
den geruch deines haares deine stimme
den schiefen mund
jeden tag neue schatten über unseren köpfen
die gleichgültigkeit der zeit
wonach schmecktest du wo lag deine hand
in der meinen hielt ich die hälfte des mondes
deine augen als wir keine worte mehr brauchten
nicht gestern morgen eine begründung
uns war ein steg gebaut das wasser nah nun
die wälder zwischen uns menschen meere
kein taxi fährt mich bis in dein zimmer wo du
mit dem rücken zum fenster einen bleistift spitzt

spähen

das tischtuch flattert
die blätter des ahorns
die schatten der blätter
des ahorns an den wänden
die felder voll stoppeln
rasierte flächen
flach über den flächen
fliegende rotmilane
feldmäuse spähend da
wo steine sich in die erde schmiegen
wie ich mich an dich
um gepackt zu werden

ich will nicht von den kindern sprechen

nicht von der schule und vom älterwerden
was klug was schön was richtig ist
ich will nicht wissen was mal war
womit das geld verdient wird
was das haus gekostet wie viel strom die wohnung frisst
wer sich verrennt sich trennt was lässt was schluckt
wer ganz weit vorne steht und wer sich duckt
ich will nicht reden über köpfe körper zahlen
mit neuen alten küchen oder reiserouten prahlen
über dinge reden die so tun als stünden sie im raum
so wie auch wir zu häufig tun wir wären was
und uns zu selten trauen die vielen fragen
die wir haben zu verfolgen doch immer auch
die sehnsucht haben ihnen einen grund zu bauen
das eigene ich mal aufzureißen hin wo worte
spärlich fallen lust zu schweigen
vor und wegen dieser irren welt wo
alles kreischt und fliegt und fällt zerbricht
zu wenig hält

mehr nicht

der fluss glitzert
am nachmittag
mehr sag ich heute
nicht
außer noch dass
das glitzern
des flusses
am nachmittag
schön ist

küche

wie früchte fielen wir kullerten
auf den kühlen boden der küche
durch das offene fenster
spann das licht spuren
auf unsere schalen die lust
die uns von den lippen sprang
das wasser im krug auf dem tisch
zu zittern begann wir
in der waldung des begehrens
süßer most als der aufprall vorüber
die obstschale schwieg

freienwil oder keine erfindungen

eine dicke wolkendecke
drückt die träge landschaft
seit dem morgen beharrlich
wie einen kopf unter wasser

wir halten unseren hoch

über das feld wird gülle gespritzt
duft der die luft tränkt
landdeodorant vertraut
wie schweiß in den achseln

wir fahren vorüber

am blumenfeld lila lupinen
bartnelken gräser roter klee
münzen silber klimpern in den kasten
immer etwas weniger oder immer etwas mehr

wir erfinden heute nichts

die kühe auf den weiden
täuschen frieden vor wir
werden alle satt wir braten in der natur
liegen das gras der wiese platt

wir führen von hier keine revolution

wir ringen mit unseren familien
wie die mütter die väter oder kinder
sich sehnend verschlingen oder
einander nie zu sagen beginnen
was schmerzt was zerrt dicht gedeckter tische

wüssten wir nur was wir träumen

im schwarz der nacht
schlägt der wind den takt
worte wandern durch uns
ganze herden ohne hirte

jetzt könnten wir uns erfinden

gernrode – großmütterlich

ein trüber verregneter morgen
etwas erinnert sich an die art von grau
dieser art an die blicke die schwester zur seite
aus dem fenster auf die straße
im haus wo die großmutter lebte im harz wie sie
rinden des brotes auf den ofen legte süßes versteckte
und giftiges *remlofekt* im nachtschrank verbarg
die über dem weißen haar ein hauchdünnes netz gespannt
uns milch mit faltiger haut servierte kompott meist pflaume
in schalen mit würmchen iss und sprich nicht sonst sticht
die gabel in den ellenbogen getrunken wird erst nach dem essen
wir hatten tricks wir raubten die verstecke aus wir tranken
wenn uns danach war wir konnten viel vergessen
nicht das geräusch der pferdehufe vom gespann
das jeden morgen noch vorüberzog gelenkt
von einem alten kutschermann zum markt
und ist viel mehr noch was vorüberzieht vorbei

drei seepferdchen

sind geschwommen
durch dick und dünn
im wind durch
seufzende gärten das dunkel
der schatten hinein
in die provinz wo
sie es gemütlich hatten
und tausend jahre
darauf warteten dass
etwas neues beginnt

willst du wissen wie ich meine zeit verbringe
willst du wissen wie ich kaffee mache mein
gesicht wasche mir die haare bändige die wäsche
in den keller bringe die frische im korb nach oben trage
wie ich teller tassen töpfe und besteck abwasche
radio höre auf die uhr sehe mich anziehe einkaufen
gehe kaffee trinke die bettdecke lege den müll verschnüre
die fenster öffne schließe was auf ein blatt kriekel
ein paar worte aus zeitungen schneide eine rechnung schreibe
mails beantworte kleine listen verfasse wie ich die katze kraule
füttere in etwas reinbeiße tee trinke nach den eichhörnchen schaue
blätter von der treppe fege nach post sehe auf briefe warte
eine postkarte wie ich das was rumliegt wegräume ein
    geburtstagspaket
für den sohn fülle blumen gieße kankerfäden zerstöre mücken
    verjage gedanken
verfolge noch einen kaffee trinke etwas fotografiere etwas
    arrangiere
ohne plan wie ich nachdenke oder denke nachzudenken oder
oft nichts gedacht kriege wie ich mich freue wenn ein einfall
    einfällt
worte sich auf leere seiten setzen ein gedicht vorbeikommt und
nicht wieder geht wie worte von seiten verschwinden ich tee trinke
nicht abwarten will skizzen entwerfe lese den kompost rausbringe
abgabefristen für anträge checke texte abtippe träume antippe wie
ich noch dies und das besorge mich frage was ich mache machen
    will
wie ich sachen entdecke etwas erinnere etwas vergesse wie ich
    teller
tassen töpfe das besteck in den schrank stelle rausgehe wohin gehe

mit dem rad fahre vielleicht nur so oder zu einem termin einem
    treffen
ins theater in eine schule zu einer sitzung und ich glaube ich
    verbringe
die zeit mit sehr viel oft still mit immer anderem und immer
    ähnlichem und
immer du willst ja wissen wie ich meine zeit verbringe will ich sie
mehr mit dir verbringen als nur ich mit ihr

fremd

ich war wie aufgedreht war
ausgerissen als ich heimkam
wagte ich kein licht zu machen
die tür fiel zu ich wusste ich kam
zu spät zu schwer beladen nach kurzer reise
war die wohnung mir fremd alle zimmer
verschenkt an den schlaf und längst kein kind mehr
auf dem weg zur toilette ich stand
zu keinem schritt fähig
vorbei dachte ich die fern aller eide
durch die nacht geflogen bin ich leichtes mädchen
funke ich und die welt lag im dunkel hinter der tür
hängte ich zögernd die schlüssel an den haken nur
für mich fand ich keinen platz
legte langsam die sachen ab
zu erschöpft vom glück um noch zu denken mehr
ein hinterher dieses morgens wie und wann
schlich nackt hinein in einen schrei
verachtet schon an der schwelle
aufgerissen vor schmerz

geflüstert

wolken
hängen
an einem
grashalm
die worte
die welt

ein segel

ich mag so sehr
kurz zurück
ans meer
kopf in den sand
sand auf dem kopf
salz in der see
jeder zeh an der luft
jede welle ruft
geh vor geh zurück
tauch auf tauch ab
alles denken schlapp
nur die augen auf zu
das rauschen der zeit
der himmel weit
aller lärm ebbe
die lange schleppe
der liebe
am dünnen kleid
ein segel

wie aus dem tee von einem
oder einer einmal ein blatt minze
im mund lag liegt der tag

wie aus dem schatten von einem
oder einer einmal ein hungriges tier
sprang springt das kraut im wald

wie aus dem sehnen von einem
oder einer einmal ein wort
drang drängt die liebe

wie aus dem nichts von einem
oder einer einmal ein gedicht
wuchs wächst

1947

ein unterhemd
eine unterhose
drei binder zwei sockenpaare
ein paar schuhe

dazu ein gekochtes ei

geschenkt
das hemd die hose
die binder die socken
die schuhe das ei

ein feiertag
für meinen vater

linien

mond nimmt ab
der mut
mein mund versucht
zu wahren was
wir gaben uns
wie gaben wie
geschenke die
doch keine waren
wir das du und ich
uns griffen hastig
so als wussten wir
der mond nimmt ab
der mut
es sucht mein mund
das flüstern wie
wir schimmern könnten
in dem licht dem
leichten lachen
tief

woher kommt ein gedicht

ist es je fort
ist es nicht immer
dort hinter der rinde
des alten nussbaumes
in der vergessenen mausefalle
einer verlassenen scheune
über der die schwalben noch
wie pfeile durch die luft schießen
im auge der amsel
zwischen den lamellen eines schwindlings
auf einer müllkippe neben den bahngleisen
in der traurigkeit die wie tang
herangespült werden kann
in der einen hand die sich alles erlauben darf
die mich besser kennt als die eigene
in dem moment in welchem ein wort
nach nähe schreit wie ein kind nach der brust

ALTE FRAUEN MIT KLEINEN HUNDEN

ufer still
die nacht
gesucht
gedacht
hell wird
der tag
ich sehe was
und das ist
gut

halle-neustadt 2019

die scheiben stehen noch
kaputte hohe häuser einer
einst menschen verschlingenden art
tauben dreckige leere
statt brücke nun ampeln
die bäume sind älter geworden
im neuen hoch wie blöcke
die parkplätze dicht belegt
kein ort mehr für spiele
die kaufhalle platt
wie die zeitschriften
aus den kartons in den eingängen
stehen alte frauen mit kleinen hunden
an kurzen leinen nie passiert genug
kinderstimmen und gekläff
erinnern an tage wege verstecke
die kindheit vor und hinter dem wunder
in welchem wir lebten block 461
nah dem brunnen voll nackter frauen
der schule wo man mir früh gesagt
ich müsse pünktlich sein die bluse
der pioniere gehöre gebügelt
wieder bleibt der fahrstuhl stecken
im müllschlucker mäuse tot
oder lebendig und hinter der tür
ganz unten im block

lebt noch immer der mann
den nie jemand sah

freundinnen

junge schmale mädchen in langen kleidern
an einer tafel die am ufer der saale steht
schwatzen wie spatzen es tun in den hecken
vor häusern ab und an
fliegt ein wort zu mir heran
ich beobachte leise als täte ich es nicht
es wird kühler ich höre
ihr lachen wie wellen
ein vorbeirauschendes motorboot
in dem ein typ alles gibt
ich sehe die jungen frauen die vertrautheit
ihre leben die in alle richtungen ausscheren werden
nur ein paar jahre von hier
geahnte zeit das jetzt ist größer
zukunft nie nah genug
um sich sorgen zu machen ich sehe
wie ich saß wie lange das her als ob
zeit verschwindet wenn sie in allem was da
auf der tafel stehen getränke
erste wespen suchen die nähe von flaschen
welche im letzten tageslicht ihre benetzten hälse recken

erster kuss

der erste kuss das war vor wochen
hinter einem geräteschuppen
und alle mädchen malen sich das aus
das bild wie die freundin 11
dort steht mit einem jungen
wie die münder was die zungen
wissen wollend wie es war
ob das spaß macht schön ist
oder bloß passiert
die freundin spricht wie eine königin
die mädchen malen aus und
schauen dreimal hin ob vielleicht
ein zeichen blieb eine geheime spur
in purer neugier liegen sie und kichern
reden über große themen
entdecken ihre scheu ihr sehnen
welches wächst wie sie und die erfahrung
der kuss dort hinter dem geräteschuppen
ist allen seltsamer genuss sie spielen mit der möglichkeit
der nächste sommer scheint noch weit
liegen träumend da und lachen
es ist zu komisch viel zu nah

kurze ferien

wir wollten wandern sommer '92 wussten
von der grenze zwischen polen–russland
doch wollten wir zu fuß und ohne visum ferien wagen
durchquerten gesperrte gebiete schlecht gezäunt
nirgends jemand nur das wilde der natur
wirr und verschlungen hingeträumt
mannshoch die nesseln farne zuweilen gräben
dorniges dickicht
wir sprachen nicht die rucksacklast wog viel
schnitt in die schultern wir schlugen uns voran
die mücken stachen ohne unterlass
wir irrten stunden schwitzten schwiegen
sahen wachtürme jeder unbemannt
zu den mücken surrten die fliegen
die hitze wurde unerträglich schürte zähe wut im bauch
das abenteuer verlor seinen charme gab auf
sinnlos gesänge ein geisterchor
die weite lockend sich entzog der weg verschwand
wie zwei idioten liefen wir durch niemandsland
direkt zwei grenzposten entgegen
als zogen sie an unsichtbaren fäden
sehr deutsche schäferhunde an ihrer seite
auch gewehre in der hand dass wir fast scherzen wollten
wo keiner einen scherz verstand
wir wurden spione und in ein auto geladen
abseits des waldes in eine holzhütte gesetzt
bewacht von drei anderen soldaten

die uns wasser gaben sagen fragen durften wir nichts
ein alter fernseher lief unentwegt in dem sonst leeren raum
wir waren erschöpft wir rührten uns kaum
erwartend einen russischen oberst der nicht kam
woraufhin man uns wieder mit ins auto nahm
auf in ein neues versteck dort war der offizier korrekt in seiner
uniform
wieder und wieder gleiche fragen an uns richtend
namen notizen in steiler schrift
unsere ausweise anlass für telefonate
zu prüfen ob wir feinde wären oder nicht
es gab nichts zu klären alles blieb verdacht
blieb bei kleinen drohungen
wie man das bei verhören macht
erst stunden später für harmlos erklärt
setzte man uns in einen anderen wagen
in die nacht gelenkt von einem genervten kerl und seinen
kumpanen
wir saßen hinten schwiegen sahen uns nicht an
ein hase blöde unter die räder kam
das auto stoppte fuhr zurück das blutige stück wurde hinter uns
geknallt
den beiden kerlen freude bis zum halt
an einem bahnhof wo man uns bis zum bahnsteig brachte
mit der weisung heimzufahren weg
wir standen schwach und klebrig zwischen kopftuchmüttern
reisenden großfamilien rauen mengen reiseutensilien
ein zug fuhr ein langsam drängten wir uns mit hinein
er war schon voll und nirgends mehr ein platz
nur körper schweißgeruch und schatten dicht an dicht

wir blieben beieinander sehnten uns nach schlaf so
eingekeilt zwischen fremden menschen ohne licht
sahen wir nicht weiter und einander
nicht mehr

manchmal

der himmel ein blauwal
über unseren köpfen
kräuseln die stunden dahin
wir sind fische
im schwarm von fischen
auch wenn ich manchmal
ein seepferdchen bin

sie sprechen über reisen

sie reden am tisch im februar
über den urlaub im sommer

am liebsten würde man dahin
wo man im letzten jahr schon war

es ging dort gut nur
meine frau die fliegt nicht gern

zieht es an neue orte
unsere tochter soll mal spanien sehen

obgleich man weiß ja nicht
ob bürgerkrieg dann aber

hoffentlich erst nach der reise
der frau zuliebe plant man auf den schienen

großes netz und viele stunden
zwischenstopp wie üblich in paris

die tochter will ja
sie ist vierte klasse

was die kinder um sie
noch nicht kennen nicht dahin wo alle sind

russland nächstes jahr
ist so ein cooles land

die großen städte sind ja schwierig
wenn man mit kind auf kunst kultur

die langeweile pur aber
wir sind auch viel am strand

echt schön bevor die andern kommen
oder abends dann wenn alle weg

in thailand sagen deutsche männer
ist doch alles voll mit russen

die sind fett sind aufgepumpt und
haben wenig haare

aber immer flotte junge frauen
neben sich

ihr anblick ihr benehmen nervt
sogar beim rückflug spielen sich

da szenen ab
zu reisen ist schon toll und

hinterher noch mehr
wenn jemand fragt

2018.

3. oktober

windig wolkengrau
erinnerungen ungenau
die blassen blätter
fliegen alle vögel weg
es wird gefeiert was
mal war was kommt
ist eine andere geschichte
was heute ist nicht immer
klar der fuchs fängt
seine hasen die blumen
springen aus den vasen
die uhren fallen von der wand
wie der verstand
aus vielen köpfen
die zeit mit ihren langen zöpfen
ist nicht zu fassen
mit nur einer hand

regionalzugnotizen

am tisch mir gegenüber ein mann mit *zeit*
der zeitung die den halben tisch bedeckt
das rascheln ihrer seiten begleitet mich die
blumen vor sich liegen hat aus einem tangerhütter garten
herbstbeginn vor den zugfenstern
fließen felder hin viel erde furchen mais
vertrocknet flächen voll kaputten holzes
kiefernwälder dünne stämmchen orte heißen brödel lübs
zwischen den wäldern weiden feldern
schlafen alte männer ein der himmel drückt
ein federvieh nächste station heißt güterglück
die güter gold und zäune durch die grün sich
bricht zäune die bald nicht mehr stehen werden
durch deren draht die vögel fliegen
schlupflochglück und stück für stück
das heu geballt zu riesigen traktorenrädern
nächster halt die zeitung frisst den mann
wann ruft er leise hören die notizen auf
wann fängt das dichten an

novemberroulade

himmel alter apfelschimmel
müdes schnauben
zwischen dunklen stämmen
nasse tauben welkes laub
auf wegen legen nebel
träge ihre dichten laken aus
im haus das ich verwickelt sehr
roulade deren füllung schwer

dieser geruch von schnee
sagt der sohn

ein winter
knirschen

weiß wie
ein blatt papier

die wiese
die zaunlatten

tragen
pudrige mützen

der geruch kalter luft
sage ich

birgt für mich
den erdigen duft

eines nassen
hundes

bienen im februar

sie sagt am fuß
der gartentreppe stehend
die bienen flögen heute
raus aus ihrem kasten
wenn die sonne weiter so
der luftstrom günstig
dass die grade steigen zwei
stellig heute wäre so ein tag
sie sagt
sie kämen vielleicht raus
aus ihrem winterbau sie
müssten kacken würden deshalb
nur hinaus dabei ein schlückchen
ersten nektar schnappen und
rasch zurück in ihren kasten
nah am haus

rosig montag

stürmischer morgen
kein himmel für träume
sich biegende bäume
anker im erdreich
äste in aufruhr
krachende balken
die welt ein schiff
ein schwanken
narren trösten
das volk mit bonbons
es lärmt auf den straßen
helau helau so
alles voll zucker im bett
doch das gehört nur gelacht
zu den beiden die sich
rosig verzweigten auf
den zerknitterten laken der nacht

die männer in den kellerräumen

dort wo ruhe ist gebeugt über den tisch
die köpfe voll für sich
zwischen papieren und dem bildschirmlicht
sie sehen nicht wie oben in den zimmern
hände werken worte fallen wie die wäsche frisch
sich sachen häufen auf dem tisch
wie sich der kühlschrank leert und füllt
was verworfen wird und was zerknüllt
wie staub sich streut die fenster
dreckig glotzen und der müll der
ganze müll muss raus die post
der kompostkram der rechner an
der rechner aus die kinder da die
kinder weg die pflanzen brauchen wasser

tosen

die bäume kratzen
ihre knarrenden alten knochen
der sturm juckt ihre rinden
stößt in böen stürmisch immer
rein ins geäst es ächzt es pfeift
es trommelt bricht es kracht
wolken wie zitternde aale dunkel
winden sich wild durch die nacht

nachtgeweiht

im dunkel kurz vor mitternacht
auf dem weg zum zimmer hinterm alten speiseraum
ein rascheln nicht vom laub unter den füßen
da war ein tier ein fuchsverdacht
ich sah es zunächst kaum
ein reh verharrend still wie ich
acht meter trennten uns von angesicht zu angesicht
eh' es leichthufig verschwand den hang hinab
ins hölzerne dickicht und da
kam er – der hirsch ein hirsch
wie ich seit vielen jahren keinen sah
stand da mit seinem prächtigen geweih
rumorte leise dann der ricke nach
es brach ein ast vielleicht auch nicht
dann wieder stille gute nacht

jetzt gehn die tiere in die stadt wie menschen in
den wald
alle suchen sie sich satt die tiere kräftig schlau
die menschen irren von blatt zu blatt müde schlapp natur
ganz pur ein fluss ein bach ein teich ein kind die outdoorjacke
stinkt
wie weich die moose sind und alle fichten hin und weg
der wald schon bald voll kahl die stadt den tieren großer saal
ein hirsch in bremens straßen frische schweine wild über den
peißnitzrasen rasen füchse humpeln nachts im garten
kratzen katzen sich die augen aus die rehe warten hinterm haus
marder otter biber bär rücken immer näher
im wald fühl'n sich die menschen jung entschleunigung
entschleunigung natur die weite wiese feld der berge gipfel
unterm himmelszelt die fragen werden mehr und mehr
kaputt viel müll und schmutz und schutt und alle suchen
in der landschaft die natur gewaltige verwandtschaft
eine neue sphäre und bekanntschaft pilze kräuter käfer fliegen
eine pfote kralle hand wie war das gleich mit dem verstand
jetzt komm die tiere in die stadt gerannt wie menschen in den wald
die ratten rocken auf dem schiff das schaf ist tot der wolf zurück
und draußen in den wäldern in den fernen weiten den weiten
wäldern da heulen die menschen den mond voll
und suchen nach ihrem glück

manches will nicht weniger werden

der süße und bittere brei gedanken
erfahrungen die besser unerfahren wären
die rätsel des liebens die hand
voll wissen worte die einen
getroffen haben die schriftzüge
der zweifel der hunger der einsamkeit
die schönheit eines sees am morgen
die stillen sorgen um die kinder die angst
zu verlieren was man liebt
die traurigkeit von abschieden an bahnhöfen
der geruch von kaffee und regen
die fragen die das leben hinterfragen und
das irren der sehnsüchte die schönheit
von schnee die der lüste die flüge der mauersegler
die zumutung ein guter mensch zu sein
die eiternden wunden der welt

Inhalt

das umwundene ergründen

frau-ich 7
kurz lust 8
versprechen 9
bald bald 10
knopfgespür 11
in gängen 12
frühling 13
es nistet 14
passt 15
wenn ich ein oktopus wär' 16
schach 17
was ich nicht wissen wollte 18
holunder 19
jetzt 20
archiv 21
schichten 22
diese irre freude 23
erzähl nacht 24
liebesschwulst 25
wegen dir 26

filetstücke zwischen den feldern

aus dem schweigen 29
nachts 30
wiesen liegen 31
aus dem zug gefaselt 32

hungrig 33
sommer 34
fahrt 35
zeit mecklenburgisch 37
hüten 38
september 39
witterung 40
oktober 41
winter 42
fahrt durch sachsen 43
glandern 44
stumpf 45
blau 46

nicht von den kindern sprechen

keine zeit 49
lust 50
dicht 51
spähen 52
ich will nicht von den kindern sprechen 53
mehr nicht 54
küche 55
freienwil oder keine erfindungen 56
gernrode – großmütterlich 58
drei seepferdchen 59
willst du wissen 60
fremd 62
geflüstert 63
ein segel 64
wie aus dem tee 65

1947 66
linien 67
woher kommt ein gedicht 68

alte frauen mit kleinen hunden

halle-neustadt 2019 71
freundinnen 73
erster kuss 74
kurze ferien 75
manchmal 78
sie sprechen über reisen 79
3. oktober 81
regionalzugnotizen 82
novemberroulade 83
dieser geruch 84
bienen im februar 85
rosig montag 86
die männer in kellerräumen 87
tosen 88
nachtgeweiht 89
jetzt gehn die tiere in die stadt 90
manches will nicht weniger werden 91

Juliane Blech wurde 1975 in Halle (Saale) geboren, wo sie auch heute lebt. Sie studierte Galloromanistik, Philosophie und Germanistik bis 2003 und entschied sich für das freie Arbeiten als Dichterin und Dramatikerin. Für ihre Gedichte, Prosaarbeiten, Collagen und nicht zuletzt ihre zahlreichen und vielfach aufgeführten Stücke erhielt sie zahlreiche Stipendien und war 2014 Stadtschreiberin von Halle. Ihre Stücke vertritt der Drei Masken Verlag. Bisher erschienen von ihr zwei Bände mit Gedichten für Kinder und 2020 *Aus dem Tagbuch einer Eintagsfliege*. Juliane Blech ist Mitglied des WUK Theater Quartiers Halle, Vorstandsmitglied im FBK Sachsen-Anhalt und künstlerisch tätig im freien *ensemble p&s*.

Die Arbeit an dem Gedichtband wurde gefördert von einem Stipendium der VG Wort im Rahmen von „Neustart Kultur 2021“, wofür sich die Autorin bedankt.

1. Auflage

www.mitteldeutscherverlag.de

Gesamtherstellung: Mitteldeutscher Verlag, Halle (Saale)
Umschlagabbildung: ddabeljuh – shutterstock.com
Lektorat: André Schinkel, Halle (Saale)

ISBN 978-3-96311-882-1

Printed in the EU